AF242347

ESSAI

SUR

LA SEPTENNALITÉ,

Par M. H. DEVAUX,

ANCIEN DÉPUTÉ DU CHER.

PARIS,

DE L'IMPRIMERIE D'ÉVERAT, RUE CADRAN N° 16.

1824.

ESSAI

SUR

LA SEPTENNALITÉ.

Je veux rechercher si, dans ce grand débat parlementaire que le Ministère prépare, qui réveille toutes les passions politiques, parce qu'il pénètre dans les fondemens de notre ordre social, qui reçoit tant de solutions contraires par des moyens si divers, il existe quelques vérités propres à éclairer la raison publique et à diriger une conscience religieusement attachée à la patrie et au prince. Peut-être, en m'instruisant moi-même, instruirai-je les autres!

Je me demande d'abord ce que c'est que la Charte constitutionnelle ; pourquoi elle porte ce titre ; dans quel esprit elle a été créée.

Dans la langue diplomatique, les chartes sont, en général, des concessions du souverain. Nos villes municipales reçurent des chartes d'affranchissement et de priviléges de Louis le Gros et de ses successeurs. Louis X concéda divers priviléges à la Normandie, et cette concession s'appela la Charte normande. La grande

Charte anglaise est aussi une concession du roi Jean : arrachée l'épée à la main, son origine, dans la langue de la légitimité, est moins pure que celle de la Charte française, émanée *volontairement du libre exercice de l'autorité royale.*

La Charte française porte textuellement qu'elle est *une concession, un octroi* du prince à ses sujets : elle est par conséquent plus qu'une simple loi, dont le caractère est unilatéral. Elle est une propriété pour la France, irrévocable comme toutes les concessions de droits ; c'est par une conséquence de ce principe, que le prince a déclaré ce pacte obligatoire *tant pour lui que pour ses successeurs et à toujours.*

La Charte est dite *constitutionnelle*, parce qu'elle détermine la distribution et l'organisation des pouvoirs publics dont le Gouvernement se compose, fixe les droits politiques des membres de la société, règle l'action des pouvoirs sur la nation, les fait ce qu'ils sont, en sorte que c'est maintenant par la Charte qu'ils existent. La puissance royale elle-même, après l'avoir créée, en reconnaît la supériorité ; car elle lui a promis *fidélité* par l'organe de son fondateur, qui prit à témoin de cette promesse, l'assemblée destinée à remplacer les anciennes réunions nationales *des champs de mars et de mai*, pour attester ainsi que le prince avait contracté avec son peuple et qu'il engageait, par cette promesse, toute sa postérité, *tous ses successeurs.*

L'idée de perpétuité inhérente à la Charte ne se déduit pas seulement de sa nature de concession, de propriété irrévocable ; elle se rattache encore à un ordre de principes plus élevés, plus dignes de la majesté de son auteur. C'est une de ces grandes et nobles institutions vouées par leur fondateur à l'immortalité, si toutefois il est permis à l'homme de prononcer ce mot, en parlant de ses œuvres. En effet, l'autorité de l'histoire, consultée pour découvrir dans quel esprit analogue ont été fondées les institutions des anciens peuples civilisés, nous montre les législateurs de l'antiquité faisant parler les dieux, parce qu'ils désespéraient de trouver dans leur propre génie le principe de la durée ; mais un prince chrétien ne pouvait que *jurer le maintien* de la Charte, *devant les autels de celui qui pèse dans la même balance, les rois et les nations* : un tel serment est-il autre chose qu'une consécration perpétuelle de la Charte ?

Voilà donc pour moi trois vérités, auxquelles ma raison adhère autant que ma conscience les approuve :

1° La Charte est un don irrévocable ;

2° La Charte est une institution fondamentale ;

3° La Charte est, par sa nature et par son objet, vouée à la perpétuité.

Ces vérités doivent avoir des conséquences. Elles cesseraient d'être des vérités si elles étaient stériles, c'est-à-dire sans influence sur les moyens de résoudre toutes les difficultés qu'on oppose à leur action. Il ne serait pas impossible que ces vérités parussent si claires qu'on fût étonné de la peine que je prends à les démontrer : mais alors j'ai au moins le mérite de commencer par le commencement ; et en partant d'une idée primordiale unanimement admise, j'aurai l'avantage de forcer tous mes contradicteurs à en subir les déductions logiques.

Si la Charte française est une concession irrévocable, une institution fondamentale, une création conçue dans un esprit de perpétuité, elle est supérieure aux lois ordinaires ; et ce caractère distinctif doit la soustraire à la mobilité de celles-ci.

Cette idée de perpétuité reçoit cependant elle-même des exceptions dans son application à l'immutabilité de la Charte : la main de l'homme ne peut lancer les corps politiques dans le monde social avec cette infaillibilité d'impulsion que la toute-puissance de Dieu sut imprimer aux sphères célestes, en traçant autour d'elles des orbites où l'inviolable loi de la gravitation les retient éternellement.

On ne peut pas fixer une nation sur sa constitution politique, en lui disant, comme à Thésée :

> . . . . Sedet æternumque sedebit,
> Infelix Theseus.

Cet arrêt d'immobilité ne peut être prononcé que par la superstition ; et quand la nécessité viendrait, elle saurait bien le révoquer. C'est dans la nécessité seule que je puis trouver une juste raison à la mutabilité de la Charte.

Le temps, qui fait mieux les constitutions que l'homme, avait puissamment coopéré à la Charte française. Elle était écrite dans les mœurs et l'esprit de la nation, avant d'être tracée sur le papier ; et c'est un grand mérite pour le Roi législateur de la France, d'avoir su lire, avec une admirable sagacité, dans ce livre de la société, lorsque tant de rois ont ignoré l'art d'y découvrir, tout-à-la-fois, et leurs devoirs et le bonheur de leurs peuples.

La Charte était *sollicitee par l'état actuel du royaume ;* elle était l'œuvre de cette sagesse royale, qui avait su *apprécier les effets des progrès toujours croissans des lumières,* et *les rapports nouveaux que ces progrès ont introduits dans la société* (1).

Elle était l'*expression d'un besoin réel* de la société. Elle ne peut donc changer que par le même principe qui l'a fait naître, *un besoin réel de la société,* c'est-à-dire une *nécessité.*

Les lois ordinaires ont, pour principe de leur mutabilité, l'utilité, l'amélioration, la simple convenance même, selon l'ordre des choses auxquelles elles correspondent.

La Charte constitutionnelle ne peut avoir pour cause

---

(1) Termes extraits du préambule de la Charte.

d'innovation , qu'une nécessité , et une nécessité généralement sentie , telle qu'elle s'analyse en *un besoin réel de la société*.

Innover le moins possible dans les lois ordinaires, est sagesse ou règle législative.

Ne jamais innover dans la loi fondamentale de l'État, que pour prévenir l'expansion dangereuse d'une nécessité , ou , en d'autres termes, pour *exprimer un besoin réel de la société*, est un devoir législatif , une règle du pouvoir constituant.

Je rattache cette quatrième vérité aux trois premières, en disant :

C'est parce que la Charte est une concession irrévocable, que le droit de la changer ne peut naître que du besoin réel de la société , dont elle est la propriété ;

C'est parce qu'elle est une institution fondamentale qui règle l'action des pouvoirs , que ceux-ci ne peuvent jamais la changer dans leur unique intérêt ;

C'est parce que la Charte est vouée à la perpétuité , qu'on ne peut vouloir la changer, sans en avoir pour raison : *Salus populi suprema lex esto*. Alors , comme le dit M. de Montesquieu : « La nouvelle loi politique ne sera point opposée à la première ; elle y sera, dans le fond , entièrement conforme , puisqu'elles dépendront toutes deux du même principe : LE SALUT DU PEUPLE EST LA SUPRÊME LOI. »

Si ce principe de la nécessité considérée comme cause

unique des modifications possibles à la Charte, est vrai, je dois pouvoir résoudre toutes les difficultés proposées; car l'épreuve d'une bonne théorie est de s'appliquer à tous les cas.

J'ai dit que la Charte ne pouvait être modifiée que pour un besoin réel de la société, afin de ne la réformer qu'en vertu du même principe qui l'avait créée. Mériterait-elle le nom de constitution, cette loi qui, dès sa naissance, pourrait être emportée, pièce à pièce, par le torrent des amendemens improvisés dans une assemblée délibérante, et par le cours, si variable, des propositions ministérielles? Ne voyez-vous pas votre droit public passer à travers toutes ces modifications annuelles plus ou moins prononcées, pour aller se fondre dans une multitude de lois plus ou moins dérogatoires, sans conserver même la physionomie distincte des sénatus-consultes d'où le plus habile publiciste n'aurait pu extraire une idée nette sur la véritable constitution de l'empire.

La Charte, perdant alors son caractère de loi des lois et de type des institutions à créer, ne serait plus, comme l'a dit M. de Bonald, que l'accord des trois pouvoirs pour faire la loi : définition d'une effrayante nudité, et qui suppose 73 articles de trop dans la Charte : définition qui supprime le gouvernement fixe des principes constitutionnels, pour donner à un peuple que ses détracteurs accusent d'une trop grande mobilité, une institution unique, parlante, agissante, douée de toutes

les passions humaines à un plus haut dégré que l'homme lui-même, souvent retenu par une responsabilité morale dont une assemblée délibérante ne sent pas tout le poids.

Et parce que l'histoire d'Angleterre leur revèle un changement de religion sous Henri VIII, et le droit héréditaire à la couronne neuf fois interverti depuis Guillaume-le-Normand, par la puissance parlementaire sans frein, nos politiques anti-constitutionnels, effrayés des conséquences de leur propre système, ont imaginé la subtile distinction des articles fondamentaux et des articles réglementaires, pour en composer une double Charte, l'une immuable et l'autre variable au gré du pouvoir. C'est derrière ce retranchement métaphysique que doivent se placer le trône et la liberté pour être également invulnérables. Ils sont assurés que rien de ce qui concerne les prérogatives royales, ou de ce qui intéresse les libertés publiques, ne passera du côté des articles réglementaires. Une main puissante a tracé pour eux cette ligne de démarcation. Le doigt de Dieu lui-même, apparamment, a écrit sur ce rivage le *nec ibis amplius,* que les flots des passions agitées ne pourront franchir et que le flux des intérêts et des opinions anti-constitutionnelles ne pourra déborder.

Ces politiques ne se bornent pas à cette dégénération de la Charte, considérée comme une concession irrévocable et comme une institution perpétuelle dans son origine, et réduite cependant à toutes les mutilations de l'esprit d'innovation : ils lui ravissent son caractère

le plus touchant, et peut-être le plus essentiel, après la plus grande des révolutions qui aient jamais ébranlé et changé le monde moral, celui d'être un signe de réconciliation et d'union entre tous les Français. Ils n'ont pas même compris ce vœu d'une royale paternité, qui décore le frontispice de ce code fondamental : « *Le vœu* » *le plus cher à notre cœur, c'est que tous les Fran-* » *çais vivent en frères;* » car ils ne pouvaient répondre à cette grande pensée du roi législateur, qu'en évitant de remettre en question, ce qui était décidé par la Charte. En eussent-ils eu le droit, leur devoir était de ne pas le vouloir.

Le caractère du pacte fondamental, la gloire de son fondateur, intéressée à sa perpétuité, puisqu'un changement aussi prompt accuserait sa providence législative, la paix publique, ayant pour base l'union et le calme des esprits, incompatibles avec une controverse provoquée sur d'aussi grands intérêts, tout leur commandait de ne point abaisser la Charte, ce boulevart du trône, au niveau de l'esprit d'innovation : la liberté elle-même, naturellement exigeante, les suppliait de respecter son asile constitutionnel, quelque modeste qu'il fût. Ils n'ont rien écouté que leurs propres paroles; ils n'ont rien compris que leurs propres pensées; et les voilà qui disent à tous les systèmes politiques, à tous les faiseurs d'utopie, à tous les porteurs de projets contre-révolutionnaires : entrez, entrez dans le Capitole de la France constitutionnelle; la brèche est faite; elle vous sera désormais toujours ouverte pour y débattre entre vous les destinées de la patrie.

Revenant directement à l'application de mes principes, je vais examiner si le renouvellement intégral et septennal est une violation de la Charte même dans ses dispositions fondamentales; s'il est commandé par un besoin réel de la société; s'il est même d'une véritable utilité.

Pour mieux découvrir ce qu'il peut y avoir de vérité dans cette division de la Charte en dispositions fondamentales et réglementaires, je remonte aux principes antérieurs aux constitutions politiques : en partant d'un point plus élevé, l'horizon s'agrandit ; on distingue mieux les rapports des choses entre elles, quand on les domine.

La liberté naturelle de l'homme, dans la disposition de sa personne et de sa propriété, n'a de limites que les lois de la nature.

La liberté civile n'est que la liberté naturelle restreinte seulement autant qu'il est nécessaire pour l'avantage général de la société.

La liberté politique, selon Montesquieu, consiste dans la sûreté.

Les constitutions politiques déclarent ou reconnaissent, mais ne confèrent pas ces droits antérieurs. Leur unique destination est de créer la liberté politique ; c'est-à-dire la sûreté dans la jouissance de la liberté civile préexistante. Cette vérité, Bàcon, qui a deviné tant de vérités, l'énonce en ces termes : *Jus privatum sub tutelâ juris publici latet.*

Ces déclarations de droits antérieurs peuvent être

inspirées par le souvenir ou par la crainte des atteintes à la liberté civile : on peut les desirer, comme l'expression d'une promesse solennelle de les respecter ; mais la loi politique n'en parlerait pas , que la violation de ces droits n'en serait pas moins un acte de tyrannie. Ainsi la liberté des cultes et des opinions , la liberté individuelle , l'inviolabilité des propriétés , l'égalité devant la loi , etc. , loin d'entrer comme élémens dans la loi politique , loin d'en former les dispositions fondamentales , sont des énonciations surérogatoires. Cette vérité n'empêche pas d'apercevoir et de bénir la main du législateur généreux qui les grava sur le fontispice de la Charte française.

La loi politique consiste donc essentiellement dans les combinaisons imaginées par le pouvoir constituant pour organiser la liberté politique ou la garantie de la liberté civile : ces combinaisons de garantie sociale varient selon l'esprit des nations et le génie des législateurs ; mais elles ont pour élémens essentiels la distribution des pouvoirs publics , *leur durée* et *leur renouvellement*, leurs rapports mutuels de concours , d'indépendance , de supériorité ou de subordination.

Cette disposition des parties , dans un ordre où elles se soutiennent mutuellement, pour atteindre une même fin , qui est la garantie sociale , constitue un système politique dont l'ensemble prend le nom de constitution de l'État. Un tel système est un et indivisible, parce que, comme Kant l'a dit des organisations vivantes, la raison de chaque partie est dans le tout.

Changer les combinaisons élémentaires du système politique , c'est en modifier l'action. Que ce soit améliorer ou altérer , je n'examine pas cela dans ce moment: toujours est-il que ce que vous introduirez de nouveau , ou ce que vous retrancherez du système, produira un effet différent , par la nécessité qu'en variant la cause , on varie l'effet ; mais comme ici l'effet du système , ou le résultat du concours de toutes ses parties vers une même fin , est la liberté politique , la sûreté ou la garantie de la liberté civile , je n'aurai plus la même garantie qui me fut promise par la Charte , la même garantie qui forme une concession , de sa nature irrévocable , la même garantie dont l'immutabilité ne doit céder qu'à la loi suprême du salut commun.

C'est la chambre élective qui caractérise essentiellement le gouvernement représentatif. Sans elle , il serait même impossible de l'appeler ainsi. La constitution de cette chambre repose sur sa durée et son renouvellement. Modifier ces deux principes de son existence , c'est changer sa constitution. Si la liberté réclamait le renouvellement intégral et annuel de cette chambre représentative , on l'accuserait de vouloir altérer la constitution de la monarchie , par une trop grande influence accordée à la démocratie. Si le renouvellement intégral et septennal , opère nécessairemunt en sens inverse , s'il diminue l'influence de la partie démocratique de la constitution , celle-ci ne peut plus rester la même , puisqu'il y a dérangement dans les combinaisons d'influence des trois branches du pouvoir législatif. La question est donc celle de savoir si la partie démocatique de la constitution doit perdre de son influence, de sa force, de son intensité. Assurément, c'est là une question du plus haut intérêt, une question fondamentale, une question, peut-être, de vie ou de mort pour l'élément démocratique de la constitution, élément dans lequel repose cependant toute l'efficacité du système politique considéré comme garantie sociale.

Il y a loin, sans doute, de cette question ainsi posée à ce puéril jeu de mots tendant à la faire dégénérer en distinction d'articles fondamentaux et réglémentaires. Mais pourquoi masquer ainsi la difficulté? a-t-elle échappé à la commission des neuf sénateurs et des neuf députés chargés de la rédaction de la Charte? l'ont-ils considérée comme un article réglémentaire que l'on pouvait abandonner, sans conséquence, à la discussion législative ordinaire, parce qu'elle pouvait y être résolue diversement, sans danger pour la liberté, comme sans un puissant intérêt pour le pouvoir royal? Tout au contraire, M. le comte Ferrand nous apprend que le renouvellement partiel et annuel, a subi le plus sévère examen devant cette commission. « Les avantages et les inconvéniens du renouvellement » par cinquième, y furent discutés, les avantages l'em- » portèrent *presque unanimement ;* la question du re- » nouvellement intégral fut tranchée avec force par » deux sénateurs, devenus ensuite pairs de France, » MM. Fontanes et Garnier, dont la perte a si vive-

» ment affecté tous les partisans de la monarchie. »
N'est-il pas évident , par cette vive discussion entre
des esprits aussi éclairés , que le renouvellement partiel est une *partie raisonnée* de la Charte , comme , par
sa nature même , la constitution de la chambre représentative est entrée , telle qu'elle est , comme un
des trois premiers élémens *inaltérables* de cette loi
politique.

Il faut donc qu'on nous prouve que la loi suprême
du salut de l'État commande impérieusement de changer la constitution de la chambre élective.

Exclure l'élément démocratique de la Charte, ce serait la détruire ; altérer cet élément , c'est donc altérer
la Charte elle-même. Pour découvrir si la loi suprême
du salut de l'État impose la nécessité de cette altération , je considère la chambre élective avec son renouvellement partiel et intégral , dans ses rapports avec le
pouvoir royal, avec la chambre des pairs , avec le ministère, avec la nation : dans cette marche graduelle ,
je dois rencontrer cette nécessité, sinon il m'est permis de dire qu'elle n'existe nulle part.

Rapports avec le Pouvoir royal.

Personne , jusqu'à ce jour , n'a osé dire que le renouvellement partiel et quinquennal mît la royauté en
péril.

Ce n'était certainement pas un danger pour le pouvoir royal que cette subtilité imaginée par le rappor-
teur d'une commission en 1815 , et renouvelée en 1824

par les partisans de la septennalité , de dire que la prérogative royale de dissoudre la chambre élective était
incompatible avec le renouvellement partiel : il était
trop évident que les députés étaient nommés sous la
double condition de cesser leurs fonctions par cinquième, chaque année , et de perdre leur caractère politique par la dissolution, au gré du pouvoir royal.
L'objection était encore plus puissamment réfutée par
l'expérience : la prérogative de dissolution s'était exer-
cée le 5 novembre 1816 ; on avait vu, comme on verra
par la dissolution de 1824, la chambre subir sa réélection avec la même condition du renouvellement
partiel , se conciliant pour l'avenir , comme par le passé , avec la même chance d'une nouvelle dissolution.

Mais de quelle utilité peut être cette objection pour
la septennalité ? L'esprit d'innovation s'est-il arrêté à
ce point de résoudre seulement la question d'incompatibilité supposée entre le renouvellement partiel et la
prérogative de dissolution ? Assurément, la subtilité
elle-même n'imaginerait rien d'incompatible entre le
renouvellement quinquennal et la prérogative de dissolution. Si donc l'on s'avance, à travers la Charte , de
la quinquennalité qu'elle consacre, vers la septennalité
qu'elle réprouve, c'est qu'on est entraîné par une autre
pensée que celle de concilier, de bonne-foi, les termes de l'art. 37 de la Charte avec ceux de l'art. 50.
N'est-ce pas une puérilité que de chercher ainsi des
prétextes pour pallier la violation d'une disposition de

la Charte, en même temps qu'on en viole ouvertement une autre?

L'imagination la plus subtile ne produirait pas une hypothèse de dangers pour la royauté, dans le renouvellement partiel et quinquennal; mais l'histoire d'un peuple voisin dispense de créer des suppositions, selon lesquelles la royauté pourrait être vaincue par une chambre élective constituée sur la double base du renouvellement intégral et de l'omnipotence parlementaire; deux élémens de révolutions que s'approprie, avec une égale affection, le système contre-révolutionnaire de la septennalité.

Charles Ier renouvela cinq parlemens; cinq fois, l'opinion publique, irritée de plus en plus, lui reporta, en masse, dans la chambre élective, les mêmes adversaires de son système d'administration.

Le renouvellement intégral avait créé, pour Jacques II, cette chambre de 1685, exclusivement composée de torys, qui porta la servilité jusqu'à faire conduire à la Tour un député du comté de Derby, coupable d'avoir exprimé un sentiment libre, généreux (1). Elle disparut avec ce roi, auquel il paraît n'avoir manqué qu'un peu plus de prudence pour conquérir le pouvoir absolu, tant les Anglais de cette époque parais-

---

(1) Ce député avait dit, à propos d'un discours du Roi : « Nous » sommes Anglais, j'espère, et quelques mots durs ne seront pas » capables de nous effrayer. »

saient disposés à résigner leurs libertés. L'ambition, toujours fidèle à l'occasion, ne manqua pas de produire un autre prince pour fonder la royauté constitutionnelle dédaignée par Jacques II ; et Guillaume III monta sur le trône, aux applaudissemens d'une nouvelle chambre des communes, appuyée elle-même sur la force invincible des grands intérêts nationaux qu'avait offensés le dernier roi de la maison des Stuarts.

Composez donc, si cela vous plaît, composez la chambre élective de tous les torys les plus serviles ; excluez-en tous les whigs : vos ennemis peuvent vous souhaiter tout le succès que vous desirez en ce genre. Vous obtiendrez ce calme dont l'idée vous séduit, ce profond silence des intérêts nationaux trahis par leurs interprètes légaux, ce bonheur enfin qu'*on ne peut se figurer*, et que vous attendez du retour *au repos de l'ancienne monarchie*. Mais encore faut-il prévoir le cas où l'esprit national se réveillerait tout-à-coup de sa léthargie septennale, et improviserait une chambre toute nouvelle, sortie d'élections animées par l'espérance publique d'une révolution desirée comme une délivrance de la patrie ! Vous la dissoudrez. L'élection la reproduira ; car l'esprit public ne craint pas les ordonnances de dissolution. Dites, que ferez-vous ? Mais c'est une *supposition bizarre*. Soit ; mais ce qui est bizarre n'est pas impossible, et ce qui produisit deux révolutions en Angleterre, en moins de quarante ans, est encore plus près de la probabilité que de la bizarrerie, si vous avez l'imprudence de créer des circonstances analogues.

Cependant il se peut que la liberté soit condamnée à ce long sommeil dont la contre-révolution espère profiter pour relever les monumens de notre ancienne servitude. Mais la royauté n'a-t-elle donc rien non plus à redouter, si l'opinion publique, désertant les élections où elle est toujours vaincue par le pouvoir ministériel, livre, avec indifférence ou par dédain, la chambre élective à ce parti réfractaire de la contre-révolution, qui veut entraîner la royauté dans une rétrogradation illimitée ? Croyez-vous que tout le passé convienne à l'avenir , après que le prince a solennellement reconnu lui - même la nouvelle *direction imprimée aux esprits depuis un demi - siècle* (1) ? La contre-révolution a-t-elle promis de s'arrêter quand vous voudrez, ou bien vous sentez-vous assez de force pour la frapper d'immobilité quand il vous plaira. Dissoudrez-vous cette indocile majorité ? ou elle vous reviendra par l'indifférence de l'opinion publique aux résistances que vous éprouvez , où elle sera remplacée par une nouvelle majorité , créée dans un sens contraire par l'esprit public indigné d'avoir été constamment trahi dans ses plus légitimes espérances.

Dans les deux cas opposés, le renouvellement intégral a toujours des masses à mettre en présence de la

------

(1) Préambule de la Charte.

royauté. Entre ces deux extrémités, se place le renouvellement partiel : il interroge chaque année l'opinion qui lui répond par une élection assez forte pour en être l'expression, *si elle est libre ;* mais trop faible pour prendre le ton impérieux d'une majorité. Par l'ingénieuse combinaison des séries, chaque cinquième, composé de dix-sept départemens, de toutes les régions, demande des élections annuelles au nord, au midi, à l'orient, à l'occident, au centre de la France. Le département qui élit, a, pour témoins muets de ses choix, quatre départemens limitrophes avec lesquels il est en communauté de vœux et de besoins nationaux, et dont il excite l'attention sans recevoir d'aucuns l'influence de l'exemple ou la contagion rapide de l'esprit de parti. Chaque cinquième, impuissant par lui-même pour se dire majorité, se présente à la chambre avec des nuances électorales que le pouvoir royal peut observer pour y découvrir l'empreinte de l'opinion dominante en France ; mais il voit ce cinquième aller se fondre dans les divers partis de la chambre élective. En lui apportant une simple révélation de l'esprit national, chaque cinquième empêche la royauté d'être surprise par l'expansion subite de l'opinion publique. Le torrent a un lit suffisant pour l'épuiser par un flux continuel : en sera-t-il de même de cette digue septennale destinée à accumuler les flots pour leur ouvrir périodiquement les écluses d'inondation ?

C'est avec le renouvellement partiel que la royauté vient de traverser heureusement les extrêmes difficul-

tés des dix dernières années. Appui fidèle dans l'adver-
sité, comment serait-il ami perfide dans la prospérité.
Il y a des gens qui disent : Ce peuple est inconstant ;
rien ne peut fixer l'extrême mobilité de ses goûts et de
ses sentimens : voyez, depuis 25 ans, toutes les constitutions qu'il s'est données. Pourquoi ne dirait-on pas
maintenant : Voyez ce pouvoir qui souffle lui-même
partout l'esprit d'innovation ; il est moins sage que
son peuple, qui lui demande de la stabilité dans ses institutions. Ce pouvoir disait, en 1814 : Nous voilà con-
stitués pour toujours ; en 1824, on prétend révéler, en
son nom, que c'était une loi provisoire, *faite pour le
temps d'esclavage et de maladie* (1), *et qu'il reste maintenant à se constituer pour l'état naturel de la vie sociale.*

Quand le pouvoir royal demanda la septennalité en
Angleterre, c'était pour se dégager du renouvellement
triennal, qui, tous les trois ans, lui présentait une nouvelle assemblée. La question ne put être agitée compa-
rativement avec le renouvellement partiel, alors in-
connu et inapplicable d'ailleurs aux principes histori-
ques de la constitution parlementaire de ce pays : l'acte
triennal était lui-même une innovation de 1693, que
le temps n'avait pas encore consolidée lors de sa révocation, en 1716 ; il n'était inscrit ni dans les chartes
de Henri Ier et de Jean-sans-Terre, ni dans la pétition

---

(1) *Du Renouvellement intégral*, page 15, éd. de Lenormant.

et le bill des droits. Le seul principe consacré par le statut de la 16e année de Charles Ier, était que les sessions parlementaires ne pourraient être interrompues pendant plus de trois ans. La révocation de l'acte triennal ne tomba donc que sur un statut parlementaire révocable de sa nature, sans aucune altération des lois fondamentales. Certes, si le triennal eût fait partie de la grande charte, comme le renouvellement partiel et quinquennal fait partie de la Charte française, il est plus que probable qu'il eût été respecté comme un des articles fondamentaux de la constitution. Le comte de Dorset, l'un des plus chauds partisans de la septennalité, ne manqua pas d'observer, dans la séance des pairs du 10 avril 1716, que l'acte triennal était une loi nouvelle, dérogatoire même à l'ancienne constitution parlementaire. Ce fut donc précisément pour atténuer le danger *inhérent* au renouvellement intégral, que Georges Ier, *dont l'accession au trône consolidait la révolution*, desira et obtint l'intervalle de sept années entre les réélections parlementaires.

Je ne puise pas des exemples contre le renouvellement intégral dans l'histoire de notre révolution : on m'opposerait l'absence du contrepoids de la chambre haute, comme sauvegarde de la royauté. J'ignore, il est vrai, à quelle époque de la révolution d'Angleterre la chambre des pairs a sauvé la monarchie ou la dynastie régnante des dangers de la chambre des communes. Mais en attendant que j'examine les rapports mutuels des deux chambres, toujours est-il qu'il y a quelque chose dans l'histoire contre le renouvellement intégral et qu'il n'y a rien contre le renouvellement partiel ; et alors je me demande où est écrite cette nécessité, pour le pouvoir royal, de changer notre constitution parlementaire ! Ceux qui se *vantent d'être les seuls défenseurs* de la monarchie sont tombés sur ce point dans une division remarquable : ce sont les plus exaltés qui résistent à la septennalité ; c'est-à-dire que ceux qui doivent avoir un sentiment plus vif, une opinion plus ombrageuse, sur ce qui peut compromettre la royauté, trouvent encore plus de sûreté pour elle dans le renouvellement partiel. Qu'est-ce donc que cette nécessité que les amis de la liberté nient de toutes leurs forces, que les amis les plus chauds de la monarchie ne peuvent avouer? Ne serait-ce pas tout simplement un système? Et, si la Charte française est destinée à subir toutes les modifications systématiques dont elle est susceptible, quelle génération verra donc terminer ce grand monument?

Rapports de la Chambre élective avec la Chambre des pairs.

Si, pour mieux découvrir cette nécessité du salut public de changer la constitution de la chambre élective, j'interroge les chefs de cette opinion, l'un me répond : « Le renouvellement partiel change le *principe* » du gouvernement représentatif : il en fait disparaître » l'élément démocratique ; il donne à la chambre des

» députés une perpétuité d'existence de la plus dange-
» reuse nature; il tend à faire des députés eux-mêmes
» des espèces de *pairs populaires*, comme nous sommes
» des pairs royaux (1) ».

Cette anthithèse, ou plutôt ce *concetti* des *pairs populaires*, peut avoir son mérite oratoire; mais j'en dé-
duis deux conséquences fort naturelles : l'une, que la
question du renouvellement intégral et du renouvellement partiel est réellement fondamentale, puisque,
suivant l'adoption de l'un ou de l'autre système, le *principe* du gouvernement représentatif se trouvera compro-
mis dans son *élément démocratique;* l'autre, que le renouvellement partiel est trop favorable à l'aristocratie,
en établissant trop d'homogénéité entre les députés
et les pairs.

Un autre publiciste, en rappelant presque littérale-
ment le même reproche fait au renouvellement partiel,
demande cependant le renouvellement intégral, précisément pour que « la chambre des pairs se fortifie de
» l'appui d'une assemblée d'une nature plus *homogène*
» *à la sienne* (2). »

Ainsi donc, le renouvellement partiel assimile trop
les députés aux pairs; il faut le changer.

---

(1) Opinion de M. le vicomte de Châteaubriand sur les élections.
Séance des pairs, du 3 avril 1816.

(2) *Du Renouvellement intégral.* Édition de Lenormant, page 19.

Le renouvellement intégral introduit plus d'*homogé-néité* ou d'assimilation entre les pairs et les députés; il faut l'adopter.

Voilà deux publicistes bien opposés entre eux : où serait le danger de ne croire ni l'un ni l'autre, au moins jusqu'à ce qu'ils fussent d'accord sur les vérita-bles effets du renouvellement partiel?

Cette perpétuité d'existence de la chambre des dé-putés, reprochée au renouvellement partiel comme une assimilation à la chambre des pairs, est-elle autre chose qu'une illusion de l'esprit systématique?

Il y a deux sortes de perpétuité : celle des institutions et celle des fonctions dans les mêmes personnes ou dans les mêmes familles. Comme institution, la chambre élective a les mêmes droits que la chambre des pairs, à son existence perpétuelle : dans l'exercice de leurs fonc-tions, les députés sont essentiellement amovibles et tem-poraires : chaque député ne peut jamais siéger plus de cinq ans, sans réélection; et les dissolutions accidentel-les de la chambre interrompent assez souvent, comme on le voit, par deux dissolutions en sept ans, le cours de la quinquennalité. Moins le député siégera de temps, moins il deviendra *pair populaire;* car les pairs sont les représentans de la durée. Est-ce pour cela qu'on pro-pose de les faire siéger sept ans au lieu de cinq? Est-ce pour mieux trancher la différence du député et du pair que l'on affecte de dédaigner toute discussion sur cette addition, ouvertement inconstitutionnelle, de deux an-

nées à la quinquennalité de la chambre élective? Écou-
tez un noble pair, dont l'esprit éclairé par une profonde
étude de l'histoire n'ose cependant pas se prononcer
encore pour le renouvellement intégral, par crainte
seulement qu'il ne compromette la royauté ; il considère comme oiseuse cette question de septennalité sub-
stituée à la quinquennalité. « Si le renouvellement inté-
» gral est admis, l'alternative de deux ans de plus ou
» de moins est *étrangère* au fond de la question (1). »
Pour savoir si cette question du temps est étrangère au
fond de la question, renversez la proposition et de-
mandez le renouvellement triennal ; vous entendrez subitement tous ces partisans du renouvellement intégral
vous accuser d'anarchie, parler du péril imminent de
la royauté, et toute cette aristocratie qui se plaint si
sincèrement de l'altération de l'élément démocratique
par le renouvellement partiel, crier encore une fois :
Nous sommes perdus, *la démocratie nous envahit.*
Comment deux années de plus seraient-elles insensi-
bles à la democratie, lorsque deux années de moins se-
raient si périlleuses pour l'aristocratie, dans la durée
de la chambre élective?

Quel est le véritable principe du rapport entre les
deux chambres ? la durée. Constitutionnellement les
pairs sont à vie : accidentellement ils sont devenus hé-
réditaires par ordonnance. Ainsi l'aristocratie a, dans

---

(1) *Réflexions de M. le comte Ferrand*, page 6.

la chambre des pairs, tout ce qu'il est possible à l'homme de lui concéder, selon la loi de son existence passagère, la succession du pouvoir viager par hérédité.

Constitutionnellement les députés ont pour cinq ans chacun d'existence politique, et accidentellement beaucoup moins, par la dissolution de leur chambre. La démocratie sera d'autant plus forte que le renouvellement de la chambre sera plus fréquent. Mais cette masse, d'une physionomie si mobile, comment se mettra-t-elle en harmonie avec les pairs, ces représentans de la durée, dont le devoir est de ne point changer de principes, et qui semblent assis sur le rivage du fleuve pour y voir couler les flots du temps! Le renouvellement partiel avait résolu ce problème. Il appelait chaque cinquième annuellement, non pour détruire tout-à-coup, par une force numérique, cette harmonie des grands corps politiques; mais pour y participer ou pour avertir, par la couleur de son élection, *libre toutefois*, qu'il y avait un esprit national en réclamation devant la puissance législative.

La chambre des pairs, quand la majorité n'en est pas changée subitement par des élections royales, tient à des principes, à des règles de conduite, à des continuités de procédés. Sera-t-elle plus forte, dans cet esprit de stabilité, devant une chambre élective intégralement renouvelée, qu'en présence d'une assemblée dont chaque cinquième reçoit annuellement des quatre autres cinquièmes, sa paisible initiation aux traditions, aux principes, aux règles légistatives? Vous craignez que l'esprit de corps ne résiste à la chambre des pairs ou ne l'influence trop fortement : mais accordez-vous donc avec le ministère, qui se plaint de la trop grande mobilité des majorités, dont chaque cinquième dérange la pénible combinaison. Ne confondez-vous pas d'ailleurs l'esprit de corps avec l'esprit de suite? L'un dirige les êtres collectifs vers des résistances illégales ou des usurpations de pouvoir; l'autre tend à opérer la liaison du passé, du présent et de l'avenir dans les actes législatifs : le premier n'est-il pas plus à craindre dans une assemblée certaine de son existence pendant sept années, que dans une chambre où chaque année arrive un nouveau cinquième encore étranger à cet esprit de corps; le second peut dégénérer en résistance aux vœux publics, dans une assemblée septennale qui, ne recevant plus annuellement de nouveaux interprètes de l'opinion, prendra pour esprit de suite la persévérance dans un faux système de législation et d'administration. Une fois la majorité domptée et mise en parfait accord avec la chambre des pairs, qui rompra cette unité de système dans les deux chambres, s'il est erroné, s'il devient même dangereux? Une seule élection peut mettre la chambre des pairs en contact avec un chambre élective, impopulaire ou hostile. Où puisera-t-elle sa force de résistance? Sera-ce en se jetant du côté du parti populaire trahi par ses représentans? L'esprit de l'aristocratie est de tolérer, mais non pas de réclamer les libertés publiques, à moins qu'elle ne soit elle-même opprimée. On vient de la voir, dans deux grandes occasions, répondre au pouvoir comme il le desirait, sans écouter l'opinion populaire, par le double vote dans les élections et par la suppression du jury dans les délits de la presse. Il est en effet de sa nature d'agir ainsi; et par une conséquence nécessaire de son élément constitutif, elle n'est pas plus forte contre les tempêtes politiques de la démocratie, parce que l'opinion publique égarée ne lui répond jamais. On chercherait vainement dans l'histoire d'Angleterre quels secours Charles Ier et Jacques II trouvèrent dans la chambre des pairs, lors des révolutions de 1640 et de 1688, contre la grande autorité des communes. Si vous voulez que la chambre des pairs ne soit pas entraînée ou brisée, ne la mettez jamais en présence d'une assemblée délibérante sortie subitement et en masse du sein de la démocratie.

On peut me répondre que c'est là une simple opinion, susceptible de contradiction. Eh bien! même en ce cas, elle a une immense supériorité sur l'opinion contraire. Celle-ci peut aussi être contredite : elle l'est en effet par des publicistes de tous les partis. Alors il est évident que nous ne discustons plus sur une nécessité de salut public, mais sur un système controversé avec plus ou moins de succès. Ce n'est plus qu'une opinion qui lutte contre la Charte ; et la Charte n'est plus elle-même qu'une opinion, si elle ne triomphe pas, par le seul fait de son existence, de tous les systèmes nouveaux qu'on lui oppose.

Rapports de la Chambre élective avec le Ministère.

La chambre élective tient au ministère par trois rapports :

1º Les communications législatives qu'elle en reçoit ou qu'elle provoque ; 2º le vote annuel de l'impôt proportionné aux besoins réels de l'État ; 3º la censure manifestée par la perte des suffrages de la majorité , ou même par une accusation devant la cour des pairs.

Quelle perturbation le renouvellement partiel et quinquennal introduit-il dans ces rapports essentiels ? Si elle existe , l'histoire du gouvernement depuis dix années doit l'avoir revelée. Si elle est absolue , en ce sens qu'aucun ministère ne puisse tenir devant la chambre , à cause de l'annuelle mobilité de la majorité , il y a nécessité de réformation ; car l'existence d'un ministère est aussi une nécessité du gouvernement représentatif. Si cette incompatibilité prétendue n'est que relative , en ce sens qu'elle consiste dans des difficultés que tel ministère pourrait vaincre et où tel autre échoue , ce n'est plus alors qu'une question d'habileté , qualité dont il est possible que la Charte ait fait une condition à tout ministère , et qui explique peut-être la chute de tant de ministères.

Depuis dix années ,

Quelles lois ont été rejetées par la majorité de la chambre élective ?

Quel budget a été refusé aux besoins réels ou fictifs de l'État?

Quel ministère a manqué de majorité ?

Quel ministère a été mis en accusation ?

Les faits sont là, qui déposent de l'étonnante flexibilité des majorités sous l'influence variable et souvent opposée des différens ministères.

En 1815, le ministère dit : Il faut changer la Charte, relativement à l'âge et au nombre des députés. Une majorité lui répond : Changeons la Charte.

En 1816, un autre minsitère dit : Il ne faut pas toucher à la Charte. Une majorité répète : Ne touchons pas à la Charte.

En 1818, le ministère dit : Nous périssons si l'on change la loi des élections. L'écho de la majorité répond : Ne changeons pas la loi des élections.

En 1819, le ministère dit : Nous périssons si l'on ne change pas la loi des élections. Les mêmes voix de la majorité redisent : Changeons la loi des élections.

Ainsi la constitution de la chambre élective a été le jouet de l'inconstance ministérielle et des contradictions de la majorité, jamais retenue ni par l'honneur de la fixité des principes, ni par la fidélité à son propre parti, ni par l'esprit de stabilité, qui seul vivifie les institutions naissantes.

Si tant de ministères sont tombés, nonobstant cette extrême ductilité des majorités, c'est que celles-ci ne peuvent empêcher un ministère de tomber par le poids de ses propres fautes , car elles ne donnent pas l'habileté ; et l'une des preuves de cette première condition d'un ministère durable n'est assurément pas de créer des majorités factices , composées de partis contraires, réunis par l'alliance d'un jour contre un ennemi commun ; de se dégrader par l'infidélité à son parti et par le désaveu de ses propres principes ; de sacrifier ses alliés naturels à ses adversaires ; de s'appuyer sur les minorités qui combattent contre la grande majorité nationale. Des quarante ministres déchus , tous sont probablement éclairés maintenant sur la cause de leur chute ; il n'en est peut-être pas un seul qui n'en absolve le renouvellement partiel et quinquennal.

Cependant un ministère vient tout-à-coup dire à la France , déjà trop alarmée par de nombreuses prétentions inconstitutionnelles : « On ne peut gouverner » avec des élections interminables, avec des révolutions » annuelles , avec une seule pensée , celle de s'assurer » de la majorité , avec une seule affaire , celle des élec- » tions. » Personne ne peut lui répondre qu'il a tort ; car il juge peut-être les difficultés selon sa capacité d'en triompher , comme il est possible aussi que les difficultés naissent du terrain où il se place. Mais est-ce là une vérité absolue pour tous les ministères quelconques , ou n'est-ce qu'une vérité relative à tel ministère qui s'en plaint ? Peut-on bien affirmer que la France ne renferme pas des hommes d'état qui sauraient gouverner avec des élections annuelles dans dix-sept dé-

partemens sur seulement quatre-vingt-six, avec un renouvellement partiel qui reproduit plus de la moitié des députés sortans, avec la seule pensée de conquérir la majorité par l'habileté de la raison, plus puissante, peut-être,
que l'habileté de l'intrigue, avec l'idée de planter l'éten-
dard royal au milieu de la nation, avec une seule affaire, celle de montrer dans le ministère lui-même
la plus forte et la plus énergique représentation de tous
les grands intérêts nationaux, qui sont bien aussi ceux
de la royauté.

Avant donc que les esprits éclairés, les consciences
de probité politique, les hommes dévoués avec une
égale sincérité au trône et à la liberté, consentent à
voir dans cette atteinte nouvelle à la Charte une nécessité de salut public, et non pas une banqueroute
faite aux principes constitutionnels, auront-ils tort de
demander d'autres épreuves, de réclamer du patrio-
tisme même du ministère qui la propose, de céder la
place à ceux qui se sentent la force de mettre l'exercice
du pouvoir ministériel en parfaite harmonie avec la
Charte? Que le ministère demande au parti qui l'a produit s'il ne croit pas renfermer des hommes qui se sentent en état de concilier la haute direction des affaires
publiques avec la constitution actuelle de la chambre
élective. Si l'exemple est donné une fois, si un ministère obtient de façonner la Charte à son idée, de lui
donner la forme la plus appropriée à ses convenances,
pourquoi chaque ministère postérieur n'aurait-il pas le
même succès? Où est la difficulté de dire aussi : L'on

ne peut gouverner avec la liberté de la presse , qui discrédite toutes les mesures ministérielles ; avec des sessions législatives annuelles , qui ne donnent pas un moment de loisir au génie des hommes d'état pour concevoir de vastes plans ; avec la publicité des discussions , qui répand au-dehors trop d'agitations dans les esprits ? De quel principe fondamental ne peut-on pas déduire des argumens plus ou moins spécieux pour de nouvelles modifications à la Charte ? Quel intérêt resterait calme et sans anxiétés devant un pouvoir qui aurait pour principe de n'en avoir aucun , de ne connaître de limites que sa volonté , de n'admettre de loi fondamentale que la faculté de changer toutes les lois.

Rapports de la Chambre élective avec la Nation.

Le renouvellement partiel entretient dans la France un mouvement doux et modéré de l'esprit public , essentiel au gouvernement représentatif, qui périt aussitôt qu'un citoyen peut dire de l'État : Que m'importe !

Il introduit annuellement dans la Chambre de nouveaux organes des vœux et des besoins publics, et laisse toujours briller l'espérance que l'opinion sera satisfaite.

Il appelle chaque année de nouvelles lumières propres à éclairer plutôt qu'à changer subitement l'esprit de la Chambre, et concourt ainsi à la mettre graduellement en harmonie avec l'opinion.

Il ouvre, par l'élection annuelle, la carrière législa-

tive à toutes les notabilités qui se présentent pour défendre les intérêts nationaux : celles qui ont échoué
une année dans tel département ont l'espérance du
succès, l'année suivante, dans tel autre département :
celles que l'âge, la fortune et des talens remarquables
créent annuellement, ont l'expectative des honneurs
d'une prochaine élection : il donne à la nation plus de
garantie contre la coalition d'un ministère ambitieux
et d'une majorité corrompue ; car, s'il ne rompt pas
tout-à-coup la majorité, il permet à l'opinion de l'a-
méliorer annuellement par des éliminations et par de
nouveaux choix.

Il favorise le développement des institutions consti-
tutionnelles en perpétuant l'influence d'une opinion
publique appelée à s'exprimer, dans toutes les régions
de la France, par des élections annuelles.

Il calme les inquiétudes, adoucit les mécontente-
mens, en ouvrant, par de nouveaux choix, des chances
annuelles pour la réparation des erreurs ou des fautes
de l'administration publique.

Le maintenir, c'est réaliser cette parole royale, du
4 novembre 1816, qui fit cesser tant d'alarmes inspirées par tant de facilités à déroger à la Charte : « Je
» ne souffrirai JAMAIS qu'il soit porté atteinte à cette
» loi fondamentale ; mon ordonnance du 5 septembre
» le dit assez. »

La septennalité produit des effets contraires.

Elle commande pour sept années le silence à l'opinion, qui n'a d'expression directe que dans les élections, *quand elles sont libres*. Ce silence forcé conduit ou à l'indifférence, qui est la mort de l'esprit public, ou à une extrême irritation, qui fait marcher aux élections septennales dans un esprit d'animosité contre le Gouvernement.

Elle détruit toute espérance de satisfaction de la part d'une immuable majorité fixée par l'esprit de parti, ou enchaînée, par la corruption, à un système réprouvé par l'opinion.

Elle isole la chambre élective, en lui interdisant pour sept années toute correspondance électorale avec la nation, qui cesse d'exercer aucune influence sur ses représentans.

Elle repousse et irrite les nouvelles notabilités; car, après avoir échoué dans une première élection, nulle chance ne s'ouvre dans un autre département; et deux élections en quatorze années, pour toute la France, voilà l'unique expectative des hommes au-dessus de quarante ans, que leurs études politiques ou leurs talens divers portent à se présenter aux suffrages électoraux.

Elle favorise la coalition du pouvoir ministériel et des majorités asservies contre les libertés publiques, et place ainsi la nation dans l'alternative, également dangereuse pour elle et pour le trône, de perdre ou de reconquérir ses libertés.

Elle livre les nouvelles institutions à créer, selon la

Charte, à l'influence exclusive d'un parti qui les empreint de l'esprit d'instabilité inhérent à tout ce qui est faux ; et, en politique, tout ce qui n'est pas en harmonie avec les mœurs et les intérêts de la société est essentiellement faux.

Elle tend à faire manquer au Gouvernement représentatif son but essentiel, qui est de faire écrouler tous les systèmes anti-populaires, sans que le trône en reçoive aucune secousse.

Elle ouvre une lutte périlleuse entre la chambre et le ministère, ou entre la chambre et l'opinion. Si la majorité est populaire, elle met le ministère dans la nécessité de la corrompre ou de la dissoudre ; si la majorité est impopulaire, elle s'attire la haine publique, parce qu'elle trahit la pensée du peuple, et communique cette animadversion au pouvoir, dont elle seconde les opérations : la lutte ne peut plus alors se terminer que par une grande crise, dans l'esprit d'une élection septennale.

Elle affaiblit l'union entre le prince et le peuple, en rendant plus rare cette communication annuelle des élections ; car élire un député associé à la puissance royale législative, c'est envoyer au prince un organe de la pensée populaire.

Elle ravit toute popularité à la chambre qui la vote, en faisant opérer une grande privation de l'exercice du droit électoral, contre la nation, par ceux-là mêmes qu'elle députe pour défendre ses droits.

Elle ne peut être votée sans violer tout-à-la-fois et la Charte et les principes de droit public sur lesquels se fonde la représentation. Les électeurs nomment pour cinq ans, en vertu de la Charte ; car avant l'existence de la loi septennale, c'est de la Charte seule qu'ils tirent leur pouvoir. A l'expiration du temps naturel de leurs fonctions, les députés ne pourront plus siéger en vertu du choix du peuple, mais seulement par l'effet de leur propre volonté ; ils ne représenteront plus qu'eux-mêmes ; et le système représentatif, sapé dans sa base, laisse sans légalité la loi elle-même, produite par une chambre qui ne tient l'existence que de sa propre création.

Mais comment fut-elle donc adoptée par la révolution anglaise, si la septennalité porte avec elle tant d'incompatibilité avec l'opinion et avec les principes du droit public ?

« Le mécontentement de la nation (en 1716) était
» au plus haut degré. Le ministère, effrayé de la dis-
» position des esprits, et craignant un nouveau parle-
» ment qui pouvait renverser le crédit de la faction
» dominante, et faire retomber sur lui la violence
» de ses propres mesures, *prit une résolution odieuse*,
» mais efficace, pour établir solidement son adminis-
» tration : ce fut d'annuler l'acte qui ne donnait aux
» parlemens qu'une durée triennale, et de porter ce
» terme à sept années (1). »

____

(1) Smolett.

Ainsi l'histoire déshonore elle-même l'origine de la septennalité, en la caractérisant de *mesure odieuse*, inventée par un *ministère effrayé de la disposition des esprits*, et créée pour établir solidement le pouvoir de l'administration contre la puissance de l'opinion.

C'est aussi depuis la septennalité qu'on a pu se vanter, avec tout le cynisme d'une corruption sans frein, d'avoir le *tarif des consciences* parlementaires.

Cependant le bill septennal ne violait aucun principe de la constitution anglaise. Avant le triennal de 1693, la durée d'un parlement n'était fixée que par la volonté ou le décès du roi. En révoquant simplement le statut de 1693, on recouvrait le droit antérieur de siéger au parlement tout le temps indéfini que le triennal seul avait limité.

Cependant encore la septennalité est bien moins redoutable pour les libertés anglaises, appuyées sur la grande Charte, sur l'acte d'*habeas corpus*, sur la pétition des droits, sur le bill des droits, sur l'exclusion de la chambre d'un grand nombre de fonctionnaires et agens salariés et des pensionnaires de la couronne, sur une réelle indépendance du double jury d'accusation et de jugement, sur les sentimens libéraux devenus propres aux cours de la loi commune, sur le choix annuel des shérifs, sur la plus complète indépendance des juges, sur une responsabilité effective des agens du pouvoir envers les citoyens lésés par leurs actes, sur l'application du jury aux délits de la presse.

'Avant donc de nous parler de la septennalité, mon-trez-nous une Charte qui ne la réprouve pas , et une liberté escortée de toutes ces garanties , prouvez-nous qu'une inflexible nécessité commande à la nation de chercher dans cette septennalité le salut de tous ses droits constitutionnels, et qu'elle ne subira pas , en la recevant, le joug honteux d'une simple convenance ministérielle.

Quand la septennalité aurait réellement le caractère inoffensif et conservateur qu'on lui suppose, l'exemple de son adoption par l'Angleterre, en 1716, décide-rait plutôt la France de 1824 à la rejeter, par la raison déduite de l'extrême différence entre ces deux époques.

La Charte nous promet une législation généreuse et des institutions libérales ; et nous vivons encore sous la règle des décrets impériaux et des établissemens du pouvoir absolu ! En 1716, la liberté anglaise n'avait presque rien d'essentiel à demander aux lois; et la li-berté française attend encore d'elles l'organisation de tous les principes constitutionnels. En 1716, le passé s'accordait avec l'avenir pour en assurer la prospérité ; en 1824, le passé fait la guerre au présent pour con-quérir l'avenir et en déraciner les plus légitimes espé-rances. En 1716, le pouvoir pouvait demander à l'opi-nion victorieuse de se reposer dans le sein des institu-tions qu'elle avait créées et des garanties qu'elle avait conquises ; en 1824, l'opinion, réduite à de simples promesses écrites, ne peut consentir au silence forcé de la septennalité sans se résigner à tout perdre. Comment d'ailleurs accepterait-elle cette longue abdication de son influence électorale sur les destinées de la patrie, à l'aspect de cette violence morale employée par le pouvoir pour exclure toute l'opposition de la chambre élective? Est-il un seul membre de l'opposition excepté de cet anathème du pouvoir ministériel? L'éclat du talent, la modération des principes, la noblesse du caractère, la pureté des intentions, rien n'a trouvé grâce devant lui : partout c'est la médiocrité qu'il recherche et la docilité qu'il appelle ; c'est avec ces deux élémens qu'on édifiera les institutions promises à la France par le prince le plus éclairé de l'Europe! Le pouvoir ministériel ne sent pas tout ce qu'une opposition puissante par les talens, prête de grandeur au ministère assez fort pour ne triompher d'elle que par la supériorité de la raison ; comment elle est l'âme de ce gouvernement représentatif, qui périt bientôt dans l'opinion, s'il ne s'appuie que sur la force silencieuse des majorités votantes ou sur des contradictions simulées dont le jeu ne peut éviter l'œil scrutateur de la nation la plus spirituelle de l'univers. Toute opposition est factieuse pour lui : ce qui est aussi vrai que si l'opposition disait que tout ministère conspire contre la liberté. Il ignore tellement sa position, qu'il ne se doute même pas que, dépositaire de l'autorité royale, il est des concessions également nécessaires au trône et à la liberté, qu'il ne peut cependant faire en son nom, et que l'opposition possède seule le secret et la force d'en obtenir : il n'a pas l'intelligence de ces transactions desirables, parce qu'elles perpétuent l'harmonie entre le pouvoir et la liberté : il se flatte de représenter la liberté dans l'expression de ses besoins avec la même justesse d'esprit que montrerait l'opposition, si elle prétendait représenter le pouvoir dans l'extension de ses prérogatives. Il veut rester stationnaire, sans s'apercevoir du danger inévitable, ou d'être refoulé vers le passé pour y périr au milieu des idées mortes pour le siècle actuel, ou d'être précipité violemment dans l'avenir par une nouvelle révolution: il n'aperçoit pas le bienfait de cette opposition qui marche devant lui pour l'éclairer ; qui le contredit perpétuellement pour le ramener à la vérité, s'il s'égare, ou pour rendre plus manifeste son triomphe, s'il est fondé sur la raison ; qui possède exclusivement la sincérité des débats, sans laquelle la chambre élective, en se privant elle-même de toute influence sur l'opinion, perd toute faculté d'en communiquer la force au pouvoir. Voudrait-il donc aussi révéler, par les persécutions ou les disgrâces qu'il leur fait éprouver, qu'il ne comprendrait pas la gloire des noms illustrés par leur consécration au culte de la patrie, et ne connaîtrait pas le charme de se dévouer pour elle? C'est devant les tribunaux correctionnels qu'il leur marque des places ; c'est par des réquisitoires qu'il leur témoigne son estime ; c'est par des destitutions qu'il honore leur indépendance ; c'est par des calomnies que ses agens prétendent leur *ravir les suffrages* électoraux.

Tels sont les auspices sous lesquels s'avance la septennalité pour peser sur nos destinées, comme l'aveugle fatalité dont elle émane. La France n'y voit que la mutilation de la Charte ; elle n'en éprouve que le pressentiment de la ruine de ses libertés : mais qu'importe ! d'autres y trouveront *un bonheur qu'on ne saurait se figurer*, celui de s'endormir dans la jouissance du pouvoir sans craindre d'être à chaque instant réveillé par cette puissante voix de l'opposition qui, pour maintenir l'équilibre entre l'autorité et la liberté, les appelle à d'éternels débats.

FIN.